마음의 밭

정영수 시집

시집을 내면서

길 위에서 아무생각 없이 달린다.

쉬지 않고 타성적으로 달린다.

앞뒤도 보고 옆도 보고 느긋하게 달려야 하는데

달리다 보니 엇박자를 놓는다. 탐욕이 앞을 가로막는다.

어리석고 어리석은 것이 인생인가?

자연히 망각하고 사는 존재이기 때문이라고 위안해 본다.

칠십 평생을 달리다 보니 후회할 것도 많고 해야 할 일도 많은데 막상 일을 해보려면 무엇을 해야 할지 모른다.

살아갈 날보다 살아온 날이 많은 후회되는 일 뒤돌아볼 일도 많고 아무 생각 없이 살아가는 것이 시간을 축내는 것 같아 펜을 잡아 보기는 했지만, 마음과 뜻이 같이 되지를 않는다.

애벌레가 알에서 깨어나 자기 알집을 깨끗이 하고 이리저리 고개를 내밀어 끼웃끼웃 하듯이 마음이 안정되지 않아 끼웃거린다.

주님께 기도를 올리면 마음의 위안을 누리듯이 아침저녁으로 산들산들 불어주는 바람과 한낮에는 따갑게 내려 쬐는 햇볕이 있기에 풍성한 가을을 맞이하게 되었다. 졸필임에도 이 결실의 가을에 덩달아 용기백배하여 시집을 발간하는 데 배려와 격려를 아끼지 않는 지인들에 생각할수록 좌불안석 안절부절못하다. 이 책이 세상에 나가면 글이 매끄럽지 못하여 눈을 침침하게 하고 마음을 무겁게 하지 않을까 염려되어 그렇다. 여러분들의 관용을 기

대하며 새삼 가슴을 펴고 심호흡을 해 본다.

한 알의 밀알이 발아할 수 있도록 여기까지 협조를 아끼지 않으신 가산 서병진 친구께 고마움을 전하며, 고창표 선생님은 교정해주셔서 읽기 편한 글이 되었습니다. 선생님께 감사의 말씀을 지면을 통하여 전 합니다. 평설해주신 도창회 교수님께 진심 어린 고마운 뜻을 전하며 그 외 협조하여주신 모든 분들에게 감사를 전합니다.

2013년 12월 금산 서재에서

금산(琴山) 정영수

제1부_ 마음의 밭

제2부_ 별들의 잔치

제3부_ 굴벌의눈물

제4부_ 성지를 찾아서

제1부_ 마음의 밭

마음의 밭

안개구름이
능선 마루를 뒤덮어
새소리까지 삼킨 듯
사위가 고요하고
함초롬히 젖은 나뭇가지
간간이 비추는 햇살에
깨어나지 못하고
뒤늦게 생각이 들어
마음의 밭을 가꿔본다

세상 가는 줄 모르고
이제야 정신이 들어 보니
가시밭 황무지가 되어
푸른 산 안개구름 옷 입고
가시가 무성히 자라
어디서 어떻게 손질을
해야 할지 모른다.

마중물

쌀쌀한 바람
햇볕은 따뜻하고
구름은 한가로이
강물 따라 흐른다

밤사이 바람 눈 맞은 대지는
실낱같은 봄 향기가
대지는 굼틀굼틀 거리며
혹독한 겨울을 이겨내고
연약한 들풀 얼굴 내밀듯

세상 살면서
세상 묻히지 않으려고
애쓰는 마음의 눈물
세상 위한 마중물이다.

선유도(仙遊島)

유유히 흐르는
아리수 언덕 선유정에 올라
산들산들 부는 강바람
고요한 숲 일깨우고
술잔을 기울이니
참새들이 모여들어
안주 나눠 먹자 하네

바람도 한잔
강물도 한잔
권커니 마시거니
빈 술잔만 남는다
참새들도 어느새
미련 없이 떠나간다

해는 뉘엿뉘엿
수놓은 저녁노을
붉게 물든
아리수가 타면서
출렁이는 물결 따라 흐른다.

막걸리

막 걸렀다고 막걸리인가
누구든지 마실 수 있다 하여
막걸리인가
함께 나누면
기쁨 선사하네

대처 사람들도 많이 마시네
순한 맛이 있어서 그럴까
잘 넘어가서 그럴까

한 잔 하면 즐겁고
두 잔 하면 친구가 그립네
셋 잔 하면 배가 든든하이
친구여 한잔하세
친구여 힘찬 내일을 위하여!

이영 미술관

용인 땅
이영 미술관
박생관 전혁림 화백 혼은
정신적 세계의 작품 속으로
물감이 오방색으로
삼차원 공간을 가득히
구성되어 있어

작품 하나하나
설명을 들을수록
산은 높음을 마다하지 않고
물은 깊음을 싫어하지 않듯이
높이와 깊음은 무한의 세계로
영적인 세계는
높고 깊고 넓다.

임진각

억센 힘이 부드러움을
이기지 못하듯이
겨울은 봄 속으로 떠나
훈훈한 봄바람이 불어오고
바람은 남북으로 오가지만
사람은 오갈 수 없는 곳

통일의 염원을 담은 리본이 걸려 있고
망배단에서 조상을 기리며
새긴 소리의 넋, 망향 시비가
민족의 아픔을 애절하게 표현하고

반세기가 넘은 육십여 년이나 막혀
그곳은 얼마나 변하고
누가 살고 있는지
철조망 너머 임진강물은
유유히 흐르고
한동안 묵상에 잠긴다.

아우내 장터

아우내 장터에서
대한 독립 만세
소리가 귀청을 울린다
아련히 들려오는 것 같다

곤봉 찬 일경들
총을 가지고 몰려온다
용수를 씌우고
고문의 소리가
초죽음의 신음 소리가
비명 소리가 귀청을 울린다
애간장을 녹인다

그렇게 원했던
독립은 보지 못하고
신음 소리가 울부짖는다
고문으로 꽃다운 청춘이
사라진다 허망하게
암울한 암흑기가 흐른다
지금도 극우의 타락상
극좌의 저주가
나라를 암울하게 한다.

청해진

웅비한 기상
노예 인신매매
분개하여
완도에 청해진을
설치하여
해적을 소탕하고
일본 중국 삼각
무역을 한 장보고 장군
위대한 위인들은
많았건만
계승하지 못하였다

세월을 이기지 못하여
목책들은 삭아
흔적만 남아 있다
웅비한 활약상은
어디에도 볼 수 없고
허허 갯벌로 남아 있다.

수술

순하디순한
한 마리 어린양이 되어
의사 앞에 서면 왜 그렇게 작아지는지
도살장에 끌려가는 망아지처럼
정 동맥에 피를 뽑아도
아프다고 말 한마디 못하고
얼굴을 찡그릴 뿐이다

링거를 매달고 검사실로 오간다
수없이 주사바늘로 살을 찌르고
배에 그림을 그린다
잠시 천국에 다녀와야 하겠는데
만감이 교차한다

시체처럼 감싸듯이 수술실로 간다
마취 주사를 맞으므로
이후 일어나는 사항은 모른다
마취가 깨니 아프기 시작한다
소변 줄 수술 핏줄
링거 주사 줄이 목 정맥에 꽂혀 있다

사흘 만에 응가를 보는데
피가 묻어나온다
무언가 잘못된 것 같아 불안하다
수술자국에서 흘러나오는 피라고 한다
주님 감사합니다
이렇게 살아 있다는 것이

평화의 댐

굽이굽이 능선을 넘고
터널을 지나
찾아간 곳 평화의 댐

북한의 임남댐
대비하여 만든 댐
민족의 아픔을 느끼는 곳
서로 믿지 못하여
마음이 저리는 곳

마음을 믿을 수 있었다면
분단이 되지 아니했겠지
평화의 종
참전국 국기가 게양되어 있고

서로 사랑하고 싶지만
우이독경인 북한
쓸쓸히 발길을 돌리면서
눈물짓는구나.

첨망대(瞻望臺)

노량 해전으로
임진왜란 정유재란
칠년간 침탈을 끝내고
이순신 장군 유탄에 맞아
전사했던 곳

가해자도 피해자도
다 사라진 지금
관음포 첨망대에 서서
옛일을 회상해 본다

일을 당하고도 반성 못 하여
몇백 년 뒤에 나라마저
빼앗기는
수모를 당하는 민족
가엾기도 하다

칼로 흥한 자는
칼로 망한다는 주님의 말씀
위안을 삼아 보지만
허전하고 부끄럽다.

자유공원

동산의 정상에
한미수교 백 주년 기념탑이 있고
한반도를
반쪽이나마 찾을 수 있었던
잊어라 잊을 수 없는
맥아더 장군 동상이 우뚝 서

임의 탁월한 영도가
한민족 가슴 깊이 녹아
영원히 기리고 있다

조선말 격변기에
청국 일본 러시아인들이
큰 고기를 잡아 요리하듯
조계지를 만들고

동산 아래 청국 조계지에서
국민의 음식이 된 짜장면
원조가 되었다는 곳

국가의 영도자가
얼마나 중요한 위치에 있는지
마음속 깊이 느낄 수 있는
자유공원에서 묵상해 본다.

고성만

널 그리워
불원천리 달려갔더니
어머니 미소로
포근히
고향 품 열어주었구려

애틋한 정
가슴 앓리고
당신 품이 자못 서러워
몸 둘 바 모르겠다

잔잔한 고요 속에
고성을 지키는
청자 빛 귀태

아기자기한 작은 섬들
따뜻한 가슴으로 깊숙이 안은
정겨운 모습 그리워
지금이라도 달려가고픈
정든 고성 만에
영원히 내리지 않을
파란 향수의 돛 펼쳐본다.

다듬이 소리

개구리 울음소리 들릴 때
견우직녀가 만날 때
섬돌 밑 귀뚜라미 울 때

밝은 달밤에
초롱불 켜놓고
정겨운 소리 다듬이
들을 때마다
무한한 느낌 속으로

지금은 들을 수 없지만
옛날 생각 새록새록 난다
이 집 저 집 똑딱똑딱

우리의 소리
심장 깊은 속의 소리
잊어가는 소리
듣고 싶은 소리.

도초도

신년 새해맞이
하려고 능선에 올랐다
해무(海霧)에 가리어
검붉은 태양을 볼 수 없었고
쌀쌀하게 불어주는
바닷바람
얼얼하게 추우면서
가슴을 탁 트이게 한다

계사년(癸蛇年)
첫날에 검붉은 해를 못 보니
몇 번이나 껍질을 벗어야
소망이 이루어질 수 있을지
섭섭한 마음 삭인다

하얀 눈밭에서
모락모락 피어나는 안개
자연의 신비 더해 간다

비금도 명사십리
거친 파도는
무엇을 삼킬 듯 달려 온다
섬초(시금치) 대파 천일염
도초도 더 넓은 들
섬을 풍요롭게 한다.

독도

최초 혼돈의 세계
하늘과 땅
육 대륙과 대양이 생길 때
하느님께서 한반도를 만드시고
물방울이 띄어 울릉도와 독도가 되었다
독도는 아늑한 섬이었으나
비바람에 흙이 흩어져
돌산으로 남아 있다

동쪽 저 멀리
외로이 솟아 있는 돌섬
찾아오는 이는 비바람 파도 물새

물에 함초롬히 젖어
떠오르는 태양
구름에 둘러싸여
동쪽 하늘을 먼저 아름답게 수놓고
잠을 일깨운다

돌산 얼마 안 되는 흙
그곳에도 四季(사계)가 있어

봄에는 온화한 바람이
구름을 몰고 와 뿌리는 봄비에
싹이 트고 노란 꽃을 피우고
갈매기는 보금자리 만들어
어린것들 자라게 하는 소리
생명의 소리를 들으니
만물이 소생하는 것처럼
환희에 젖어드는 구나

여름에는 푸짐하게 내려주는 비
짙은 海霧(해무)로
식물이 성장하고
생태계를 형성하고
바다에는 강치들이 찾아와
고독한 섬 적막을 일깨우고

가을에 쑥부쟁이 꽃이 만발하고
늦가을 차디찬 서리
식물은 고개 숙이고
관목은 단풍이 들어
휘황찬란한 달빛에
풀벌레 합주곡 경연에
바람 파도가 경청하면서
조화를 이루고

겨울에 하얀 눈이 사뿐사뿐 내려
소복소복 쌓여 마치 하나의
커다란 눈 산을 만든 아름다운 섬

그곳에 민족혼이 함께 하는 곳
고독한 것 같지만 고독하지 않고
혼자 있는 것 같지만 혼자 있지 않은 곳
바람 파도 해 달 사물놀이 하는 것처럼
우렁찬 소리가 있는 곳
동해 海心(해심)이 감싸고 있는 곳
우리의 東窓(동창)을 밝혀 주는 곳
태양이 작게 보이지만
그 빛이 우주를 감싸고 남듯이
독도는 작은 돌섬이지만
등불 되어 영원히 밝히리라.

매 창

해 이른 봄
잔설이 녹기 전에
하얀 꽃망울을 터뜨리는 매화나무
향기 그윽해

영원한 안식을 하고 있는 곳에
병풍처럼
당신의 시비가 둘려져 있고
문인과 묵객들과
도란도란 애틋한 정을 나누는
당신의 시비

사백 년이 지난 지금도
정을 나누고 있는지
당신 유택 옆에 피어 있는
노릇노릇 희붉은 야생화
한두 송이 꺾어
매화 같은 당신의 넋을 기리며
상석 위에 얹어 놓았네.

무창포

겨울 무창포 갯내음
마음을 산뜻하게 한다
넓고 푸른 바다
일렁이는 바다가
산고를 견디는 것처럼
모세의 기적이 일어나
선민들은 갈라진 바다를 건너지만
지금 갈라진 바다
골뱅이 게 낙지 등을 줍는다

빈 조개껍데기
옛날 일을 회상하는지
밀물 썰물에도 개의치 않고
바다를 묵묵히 지키고 있다
딱딱한 모랫바닥
이름을 새기는 사람
바닷물에 쉬이 지워지지만
이름을 남기고 싶은 마음 진솔하다.

누룽지

노릇노릇하다고
누룽지인가
밥이 누렇다고
누룽지인가
맛이 고소해

아내가 끓여 주는
누룽지 구수해
입에 넣으면
맛을 느끼기 전에
없어지고
숟가락이
자주 드나들고

아침 햇살에
이슬이 사라지듯
훈풍에
겉옷을 벗듯
입안에 넣자마자
사라진다.

당항 포

한적한 갯가 촌 당항 포
왜군이 속았다고 속시 개
그곳에 월이(月伊)가 있었다
첩자가 그렸다는 고성지도
*월이(月伊)와 더덕 쿵 더덕 쿵
지도를 몰래 고쳐 놓았다
임란 때 그 지도를 믿고
밀고 오던 왜군
일망타진 됐다는 왜군

하느님께서
조선을 버리지 않으셨다는 증거
지금은 상전벽해(桑田碧海)
공룡 테마 공원
간척지
역사의 현장
얼을 잊지 말았으면 한다.

주_ 월이(月伊)는 임란 때 고성 기생

지하철

무슨 일로 오가는지
열차 안에 사람도 많다
지하철이 적자라는데
마음이 무겁다
노인들 행복권이라는데
앉으면서 어깨를 펴본다

회사 정리라 하며
물건 파는 사람
고단한 삶 주름살
저렴한 값에
품질 좋아 보인다

무뚝뚝한 군상
시련이 있는지
모자를 푹 누러 쓰고
자는 척하는 사람

긴 터널을 빠져나와
지상으로 나오니
밝은 햇살이 비추어
짓누른 감이 벗어난다.

고성골

북한산 정상에
변방에서
중원을 차지한 신라
진흥왕 순수비가
우뚝 서 있다

산기슭에는 고성골
아담한 사랑방이 있다
계곡 아름다운 곳에
사찰이 있어
불심을 일깨우고
불심에 감화된 주민들은
평화스러워 보인다

시인 묵객들이
장단 맞추어
시를 쓰고 읊고
자매들이 섬섬옥수로
서빙을 하니
항아에서
뱃놀이하는 것 같이
흥취가 절로 난다.

몽돌 자갈 해변

물결이 출렁거리고 있다
망망대해에서
해안에 파도가 스치면
몽돌 자갈돌이
스치는 소리가
차르륵 하면서
사르르 하는 여운이 남는다

쪽빛보다 더 푸른 바다
파도에 빠질 듯한 고깃배
탁 트인 시야
마음의 나래를 펴본다

해는 하루를 마감하고
구름을 모아들여
붉고 붉은빛을 발하면서
서서히 기울 때
몽돌 자갈이 파도에 스치는 소리
정갈하기 그지없는 자연의 소리라
마냥 귓불에 파장으로 여울지는
교향곡 한 마당.

제2부_ 별들의 잔치

별들의 잔치

밤하늘에
별들의 잔치
달은 여행 떠나고
반짝반짝 불꽃놀이

술잔에 술이 고여
이슬이 되어
나뭇잎 풀잎에
맺히는 물방울

여명이 밝아오면
물안개 피우기도 하고
숨바꼭질한다

별을 보고 해를 보며
자라는 식물
바람은 지난밤 이야기들을
소곤소곤 속삭인다.

비룡폭포

있을 것 같지도 않은
암벽 사이로
흘려 내리는 물
폭포수를 이룬다
그 이름이 비룡폭포

있을 것 같지도 않은
폭포수 속에
생기가 있어
마시면 정신이 맑아지고
피곤이 풀린다

있을 것 같지도 않은
그곳에 생명이 있으니
생명의 경외심을 갖는다
흰 폭포수
푸른 하늘
푸른 숲이 어울려
생기를 만들고 있다.

지구

사막이 아름다운 것은
오아시스가 있기 때문이요
지구가 아름다운 것은
석양이 있기 때문이다

석양에 불타는
검붉은 구름바다 산천
타들어가지만 재를 남기지 않고
물은 출렁거리지만 끓지 않고
황홀함에 넋이 나간다

밝은 달밤에
유성을 타고 흐르는 별똥별
새 생명을 탄생하기 위함인지
생명이 끝남인지
지구도 생명이 유한한지

'그 시기와 때는 아무도 모른다
아들도 모르고 오직 하느님 아버지만
아신다고 말씀하신다
깨어 있어라, 언제 어떻게 올지 모르니'

블레드 성

알프스 산맥 시작점인지
끝 지점인지
만년설이 녹아 이룬 호수
가장자리에 블레드 성이 있고
우뚝 솟은 절벽 위
천연 요새

호수에는 작은 섬
성모 마리아 승천성당
종은 보이지 않으나
줄만 내려와
종을 울리면 소원이
이루어진다는 전설
신혼부부가 많이 찾는 곳
종이 쉴 사이 없이 울려 퍼져
고요한 호수를 일깨운다.

하늘공원

쓰레기 더미 속에서
아름다운 장미꽃이 피듯
쓰레기가 쌓이고 쌓여
동산을 이루어
만들어진 하늘공원

각종 동식물이 서식하는
상태공원으로
봄에 각종 꽃들이 만발하고
억새가 은빛으로 꽃을
피울 때면 초가을을 알리고

유유히 흐르는 아리수
고수부지에는
아름다운 숲
아름드리나무들
쉼터를 만들어 주고
생태계를 보려
많은 사람들이 모여 드네.

인천공항

한적한 어촌 갯마을
누가 알기나 했을까
갯가를 메워
공항을 만드니
많은 사람 물류가
오고 가는구나
정보도 흐르고
사고도 흐르고
사통팔달로 흐른다

거대한 구조물
세계 항공기들이 모여 들여
새 문화를 창조하니
민족 기상이 더 높아지고
민족중흥이 일어난다.

밤하늘

솔바람 살짝
팔베개로 베고 누웠더니
보름달 달빛이 찾아와
창문에 비추니
낮인가 하고 일어나 보니

나무 그늘이 바람에 흔들리고
고요 속에 밤하늘에서
달빛이 하얗게 부서지고
별들은 유성을 타고
먼 나라로 여행가네

작은 별들은
반짝반짝 그리며
밤하늘을 수놓고 있다.

모스타르

안개가 일어나
앞을 볼 수 없다
시간이 지나면
어둠이 사라지겠지
생각을 하였지만
종일 내내
깨어나지를 못한다

종교의 갈등이
안갯속에 묻힌 것처럼
침묵 속에 갈등의 골이
깊어져 간다

혼돈 속에 피아를
구분치 않고
형제요 자매인 이웃이
하루아침에 적대적 관계로
총구멍이 송송 뚫린다
아픈 가슴을 쓸어내리고
그 길을 걸으면서
종교란 무엇인지 생각해 본다.

잿빛 하늘

눈비가 쏟아질 것 같은 날씨
바람이 나무 사이로 헤젓고 간다
마지막 잎 새
바람이 불어 떨어뜨려
뒹굴게 한다

사상이 무엇인지
이념이 거리를 횡행한다
부모 형제 이웃도 없이
파괴해야만 하는 사고
게거품을 물고
핏대를 올리는 사고
잿빛 하늘처럼 암울하다

거제도 포로수용소는
민족 이념
사상의 역사를
고스란히 재연한 곳

민족의 혼이 깨어 있는지
잠들고 있는지
잿빛 하늘을 보면서
곱씹어본다.

항아 주

솔잎에
알알이 맺힌 이슬 받아
술을 빚으니
그 술이 항아 주라

한 잔술에 취한 저 달
불그레해진 얼굴
너무 부끄러워
살포시
구름 속으로
숨기도 하고
나뭇가지에
걸리기도 한다

취한 달에서
노닐다 보니
밤을 지새운다.

시제

구름을 모아들였다가
흩어지게 하고
조각구름 새털구름
각종의 구름 모양을
만들었다가
지우기도 하는 바람

후손들이
조상님의 공덕을 기리며
시제를 지내는 것이 전통
옛날의 전통이
엷어져 명맥 얼마나
오래 이어져 갈지
예측할 수 없는 현실

영혼의 세계도 바람처럼
모였다가 흩어지는가
여러 가지 형상을
만들고 지우는가
먼 하늘을 보면서
상념에 젖어본다.

성묘

잔디로 단장했던 묘소
잔디는 어디로 갔는지
새 빗대와 잡풀로
묘소를 감싸고
아이들 키만큼 자라
가슴 아프게 하구나

그 안에 생명의 질서 따라 사는
각종 벌레들
벌초기 소음 소리에 놀라
이리저리 뛰고 날며
이사 가기 바쁘다

들에는 벼들이 누렇게 익어
고개를 차츰차츰 숙이고
줍는 사람이 없으니
밤 굴밤 도토리 등
자연으로 돌아가는 열매
땅에 떨어져
자연의 생태계 너끈해지는구나.

봄 오는 소리

나무 움이 건반 되어
바람이 연주하고
새가 노래하고
나무가 바람에 이리저리
흔들리면서 리듬 잡고

산골짝 계곡 물이
졸졸 흐르면서
박자 맞추고

낮게 드리운 안개구름
단잠을 깨우고
앞산 아지랑이
아롱아롱 춤추고

양지바른 돌 틈에서
새파란 어린 새싹이
귀를 쫑긋 세우면서
봄의 찬가를 듣고

추위가 왔다 갔다 하여도
실낱같은 봄 향기는
살갗을 간질여 주네.

봄을 여는 마음

눈이 온다
하얀 천사의 옷을 입고
사뿐사뿐 내린다
소복소복 쌓인다
괴괴 적적한 세계로
차디찬 바람을 몰고 오면서
신이 강림한 듯하다

혹독한 추위 속에
실바람을 타고
훈풍이 불어온다
있을 것 같지 않은 대지에
눈 속에 복수 초 매화꽃이 피우듯이
맑고 맑음이 모여
푸른 새싹을 틔운다
자연의 우주 질서 속에
넉넉한 자연은
모든 것을 제공한다
추위 속에 손을 비비면서
얼을 생각해본다.

봄맞이

나무가 움 틔울 때
중국 저 멀리
황사가 날아온다
어린 애벌레가 깨어나
첫길 갈 적에
황사가 애벌레의
숨구멍 막는다

봄은 지난해 쌓여 있던
오욕(汚辱)을 벗어나
새 봄맞이하라고
우회(迂廻)하면서
눈 비 안개 추위 바람이
섞이고 혼합하여
오가면서
봄이구나 할 적에
지나간다

도둑처럼 왔다가
가는 봄
마음 아리기도 하지만
만물은 봄을 인지(認知)하고
몸단장(丹粧)하여
꽃 피우고
벌 나비 불러들인다.

알즈너

걷는다
또 걷는다
똑바로 걷는 다
알즈너와 함께 십일 자 걸음으로

젊어진다
더욱 젊어진다
마음이 젊어진다
너와 함께 십일 자 걸음으로

왕래한다
자주 왕래한다
마음은 하느님과 왕래하고
발은 심장과 왕래하다
너와 함께 십일 자 걸음으로

떠나간다
미련 없이 떠나간다
함께 했던 모든 병들이
슬며시 떠나간다
너와 함께 십일 자 걸음으로

사라진다
빨리 사라진다
같이했던 약병들이
사라지고 없다
알즈너와 함께 십일 자 걸음으로.

떠오르는 해

암흑 속에서
점점 밝아지는
그 빛이
얼마나 영롱하고
찬란하던가

실개천에 용이 나듯
어려운 집에서
사람 날 때
서광이 일기 시작한다

구름 많이 운집하면
비가 내리듯
사람 많이 운집하면
그 열기 고조된다

구름 모으고
흩어지게 하는 것은
바람이 하듯
사람 모이고
흩어지는 것은
그 사람 힘이다

근원 알고
노력하는 자만이
자기 것으로
모아들인다.

여름 한가운데 서서

밤새도록 비가 내린다
계곡 물이 요란한 소리를 내고
강물이 범람한다
바람과 벼락이 음악을 연주하듯
우당탕 소리를 내고
나무가 바람 따라 춤을 춘다

비 갠 사이로
햇살이 내려쪼인다
흰 구름 사이로
너무 찬란하고 아름답다
신선한 공기 산뜻한 내음
날아갈 듯한 기분이다

각종 새들이
눈(雪)에 강아지들처럼
지루한 장마에
햇빛 쏟아진다고
즐겁게 지저귀다

불청객
모기가 앵~~하고
신경을 쓰게 한다
모기약으로 한바탕
소동을 일으킨다

평화가 찾아 든다.

남산 둘레길

연미복처럼
제비 날 적에
그 아름다운 자태
기와집 부연을 달아
올라간 듯하다
그 멋은 하늘 높아
누구 재능으로
따라올 수 있을까

아늑한 남산 둘레길
남산 위에 저 소나무
적송군락 이루는
우리 소나무
솔 끝부분이 치켜 올라간 듯
기와집처마와 겨루는 듯하다
푸른 소나무
도심에 흐르는 아리수
우뚝 솟은 남산
정서를 풍요롭게 하는
우리 남산.

소요산

산은 탐욕과 욕심을
내려놓으라고 하는데
짙은 안개가
눈앞에 흐르고
마음은 청청하고 싶은데
망상이 앞을 가린다

낙엽송은
옷을 벗은 지 오래고
떡갈나무 잎은
인간사에 말을 하는지
바람결에 소곤소곤하네

요석공주와 원효대사
이루지 못한 사랑 자재암
산에 올라 불러보지만
메아리뿐

뜻하는 바가 다른 두 사람
임 향한 일편단심
불심 향한 일편단심
눈물을 삭이면서 돌아서는 공주
공주 봉은 영원하리.

잊혀 가는 임

산림이 우거져
길이 없어진 지 오래고
외로이 지저귀는 산새
울음소리마저
처량하게 들리는구나

보는 이 찾는 이 없이
홀로 피었다가 지는 산꽃들
무엇이 그리 좋은지
화사하게 웃고 있네

임이 있었기에
조국 재건하기에 바빴던 우리
정신을 차려
임을 찾으려 하건만
임은 진토 된 지 오래되어
기억조차 희미해지고
군적 번호마저 찾기 쉽지 않지만

그러나 우리는
신화한 임의 영혼을
영원히 잊지 않으리.

서귀포

한라산 정상에
구름이 휘감고
푸른 쪽빛 바다는
넘실거리고
문섬 저 멀리
운무에 싸인 채
떠오르는 태양

주상 절리 큰 바윗돌
장인들의 솜씨로
조각할 수 없는 것
하느님만 할 수 있는 절경
저 멀리 보이 듯 말 듯
가물거리는 마라도

품으면 놓치지 않는 감귤나무
어린 가지에 조랑조랑 붙어 있는 감귤
모진 해풍에도 아랑곳하지 않는 듯
다닥다닥 노랗게 붙어 있다.

월미도

반달의 꼬리처럼
닮았다고 월미도
물이 어우러지는 곳이라 하여
어월미도가 월미도가 되었다고 하네

산 정상
전망대에 오르면
인천과 황해를 조망할 수 있는 곳

서쪽으로 넘어가는 해는
구름을 모아들여
빛을 발할 때
환상에 가까운 황홀감

사람도 늙어서
그런 삶을 살 수 있다면
잔잔한 미소 속에
마음이 풍성해질 수
있을 것 같은데

그런 곳이
민족의 온갖 아픔의 역사를
간직하고 있는 곳
한동안 상념에 젖어든다.

제3부_ 꿀벌의 눈물

꿀벌의 눈물

쌀쌀한 날
몸도 풀기 전
갑자기 기온이 올라
대지에 수분이 고갈되어

꽃이 피었다가
일찍 지니
향기는 풍겼지만
꽃은 찾지 못하고
꽃은 씨받이를 못해

서로 윽박을 놓아
고민이 깊어 가구나

서로 탓을 하고 있으니
관성의 탓인가
지구 온난화 탓인가
서로 아픈 마음
어느 누굴 달래주려나.

맥문동

음지에서
햇볕이 여과되어
비추어지는 것에
만족한 듯
자라는 맥문동

늦가을이 되면
자색 꽃을 피워
수수하지만 정갈스럽고
눈길이 간다

겨울에는
서리 눈이 내려도
툴툴 털고
푸름을 고집하는
고고한 자세
뿌리는 당뇨병에
약효가 있는 고마운 식물.

군자란

봄여름 가을 겨울
포근함을 느끼는 군자란
보는 마음
여유작작하게 한다
기분이 녹록할 때
보고 있노라면
마음이 한결 고요해진다

찬바람 새벽별
몸을 움츠리고 있을 때
고상한 기상으로
의젓이 있는 군자란
마음이 다가선다

꽃대에 봉오리를 않고
올라오는 모습이
하얀 속살로 나타나는 것이
파란 잎과 대비된다
천사가 사뿐히
주위를 보살피듯이
고요히 나타나는 것 같다

주황색 꽃봉오리
주황색 꽃을 피울 때
탐스러워 살며시
눈 맞추어본다.

제라늄

계절 없이
꽃을 피우는
제라늄
꽃대를 쑥 내밀어
햇빛을 양껏
받아들이는 꽃
곤충을 불러들이지 않고
피해가게 하는 꽃
열매를 맺지 못하는 꽃

생존전략이 무엇인지
사람에게
사랑받기 위함인가
이런들 저런들
한생을 즐기기 위함인가
한겨울에도
둥글넓적한 싱싱한 잎
꽃을 선사하니
너를 보는 시선이
한결 부드럽다.

명자나무

가시 뒤에
숨어 피는 붉은 처녀 꽃
무엇이 부끄러워
가시로 무장하고
잎으로 가리면서
살포시 내비치는
수줍은 꽃

군락을 이룰 때는
보란 듯이
시선을 끌게 하는
아름다운 자태의 꽃

여성의 본성을
닮았다고 해서
처녀 꽃이라고 했던가

붉은빛이 강렬해
아름다운 아가씨
입술을 보는 것 같다.

메밀꽃

하얀 꽃을 피우는 메밀
녹색 바탕에 흰 자수 놓은 듯
옛날에는 애옥살이 식물
지금은 관광식물이라네

사람들은
하얀 꽃에 취하고
향긋한 향기에 취하고
아름다움에 취하여

가을바람 소슬한데
따가운 햇볕 아래
꿀벌들 열심히
월동준비 하고
추억 만들기에 사람들
여념이 없다.

매실

잔설이 있을 때
꽃을 피우는 매화
봄의 전령사였고
매실 수확 철이면
들은
푸른 카펫을
깔아 놓은 듯
푸르고
산은
녹음이 우거져
싱그럽다

매실이 비구름을
몰고 오는지
비구름이
매실을 읽어가게 하는지
첫해
수확이 풍성하다
비도 풍성하게 내려
타들어 가던
농민의 마음도
밝아진다.

들국화

늦가을
무서리에
고개 숙인 들풀
푸름이 돋보이는 소나무
마른풀 틈새
쑥스러운 듯
살포시 피는 들국화
향기를 바람에 실어 보내다
쌀쌀한 날씨에 누가 올까
마음이 두근두근하는데

작은 벌들이 모여든다
너무 반갑고 기뻐서
계절의 틈을 놓치지 않고
모든 것을 내놓은 들국화
다사로운 햇볕 아래
마지막 향연을 즐긴다.

대나무

천년에 한 번 맺는
대나무열매
봉황은 그에 반해
그 품속에 깃들고

뿌리부터 온 몸통
마디마디 비워서
일생을 마칠 때는
꽃을 피우느니

인생도 마칠 적에
그리 살라 안 하던가
마침내 그 뜻 본받아
곧게 살아 마치리라.

는개

는개가 휘날리듯
소리 없이 내리면서
마음을 적시니
대지가 움실움실 하면서
얼었던 대지 잔설 얼음
촛농이 흘러내리듯이
서서히 녹아내린 듯하다

산의 운무가
겨울잠을 일깨우는 것처럼
봄 아지랑이가 피면
푸른색은 본색을
드러내지 않으나
맑음과 맑음이 모여
서서히 푸르게 하듯이
하늘도 대지도 바다도
푸르게 한다.

대공원 둘레길

봄을 적시는
봄비가 촉촉이 내리고
우리에 있는 고릴라
가슴을 적시는
마음의 비가 내린다

세월은 흘러가는
것이 아니고
쌓여가는 것이다
쌓여 있는 낙엽
그 자양분 속에 나무 들풀은
몸단장을 하면서
꽃을 피운다

봄비로 헹구어진 나무들
연푸른 정취에
그윽이 젖어 있는데
새들을 감추듯이
산새 지저귐 없어
시간이 멈춘 듯하다.

쥐똥나무

관목으로
꽃을 피워
향기를 날려 보내니
천리향처럼 퍼져나가
손님을 끌어 모은다

키가 작아 뭇시선을 끌기 위해
향기 나는 꽃을 피우는가
손님을 청해도 오지 않으니
솔바람과 친구 되어
살랑살랑 불어주는 바람에
하늘거리면서
임도 보고 뽕 따고 논다

울타리를 만들어 주는 나무
그 속에서 풀벌레를 키워
가을 밝은 달밤
애절하게 울음소리
심금을 울려준다.

이팝나무

작은 꽃봉오리 모아
꽃을 피워
커다란 꽃동산을
만드는 꽃

간밤에 눈이 내린 듯
눈을 뒤집어쓴 것처럼
운무가 피어 오른다

춘궁기에
허기들은 배
쌀밥 같은 꽃
이팝나무라 했던가

한순간 지나치는 춘궁
창공 나는 나비 되어
모든 시름 다 잊고
날고 싶어라
그런 꽃이 가로수 되었다.

연(蓮)

연못에 자라는 연 수련
연 수련 잎이 못을 덮어
사이사이 연 수련 꽃을 피우고

저녁노을 모아들인 구름은
황홀하게 빛을 발하고
어두움 속에 그리움을 적시며

연 수련 잎에 돌돌 말린 이슬방울
아침햇살이 빛을 발할 때
숨어버리는 이슬방울

물을 정화시키고
연 줄기 뿌리 연밥
식용할 수 있는 고마운 식물

진흙 속에 아름다운 꽃을 피우듯
세파 속에 마음을 정화하면
선각자가 될 수 있다는
불교의 가르침을 상징하는 연꽃.

풀벌레

고요한 달밤
울어주는 풀벌레
마음에 파도를 일게 한다

차디찬 달빛
땅을 적시고
찬 공기가 스며들면
풀벌레들이
성충이 되었다고
노래하는지
생을 고할 때가
되었다고 우는지
마음이 아련히 아려온다

싸늘한 바람과 함께
휘날리는 낙엽
어수선한 마음
뒤돌아보게 한다.

억새

운 좋게
칼날을 쥐고 태어나
사방을 제패하니
무서울 것이 없다

독야청청
유아독존으로 자라
동물이 아닌
일종의 풀인데
사람들은
나를 칭하기로
억새라 한다

여름밤
밤하늘 별들의 잔치
별들이 소곤소곤
이야기 나누면
영롱한 감로주를
흠뻑 받기도 한다

가을에
살랑살랑 불어주는 바람
사스락사스락 소리를 만들고
흰 꽃을 피워
천사같이 하늘하늘
바람결에 날려 보낸다.

코스모스

바람에 하늘거리는 코스모스
활짝 필 때면
풍성한 가을을 알리고

어린이같이 단순하지 않으면
하느님 나라에 들어가지
못한다는 주님의 말씀

단순한 것은 아름다운 것이고
아름다운 것은 단순한 것이라는데
신과 가까워지기 위하여
꽃잎을 단순화하였는가

길섶에 홀로 피어 있을 때
쓸쓸하고 외로워 보이지만
군락을 이룰 때 당당하여
더욱더 바람과 친구 되어
하늘거리는 것이
하느님께 손짓하는 것 같구나.

해바라기

울타리 옆 해바라기
해님 가까이서 보고자
키가 많이 자랐지

무거운 씨방을 이고
해님을 바라보고
따라다녔다

해님의 따가운 시선
부끄러워
다소곳이 고개 숙여
황금 꽃을 피워
바라보았지만

아린 가슴 멍든 마음
너무 그리워하다가
가을 따뜻한 햇볕 아래
검게 여물어가고 있다.

황산 소나무

높은 산벼랑 끝 바위 위에
우뚝 솟은 소나무
몇 줌의 흙이 남아 있을까
있을 것 같지 않은데
올곧게 잘 자라고 있으니
신비감마저 든다

안개구름이
용이 헤엄치듯
스쳐 지나가고
안개비가 내려 주지만
다른 수종(樹種)은 없는데
너만 벼랑 끝 정상에
독야청청
바위를 푸르게 감싸니
경외감마저 드는구나.

만추

대추가 검붉게
익어가는 늦가을
고추잠자리 한 마리가
생명이 얼마 남지 않는 듯
내리쬐는 햇볕에
베란다 스테인리스 창살에 앉는다
창살이 뜨거운지
앉자마자 비틀거리면서
고단한 힘으로 날아간다

창 밖에는 쌀쌀한 바람이 불고
창 안에는 제라늄 꽃이 만발하여
나의 시야를 즐겁게 한다
꽃은 사람이 좋아
자꾸만 피는가
사람은 꽃이 좋아
사랑하는가
검붉은 대추를 보면서
온통 생각이 골똘해진다.

말바위

계절의 여왕처럼
따뜻한 햇살 아래
시원한 그늘을 만드는 소나무
솔바람을 마시면서
그윽한 향기에
우정이 솟아난다

말바위 아래서
시조를 읊고
가무를 즐기는 한량들
솔바람과 어울려
한바탕 놀고 나면
새 생명이 충전된다

숙정문에서 사방을 보면
산수의 아름다움
헤아릴 수 없도다
봄꽃이 피는 것처럼
소나무도 청춘을 구가하는
몸을 불리면서 꽃을 피워
송홧가루 펴져 나간다.

시와 숲길

산새들이 찾아와
속삭이는
동산에

차디찬 돌에
징으로 쪼아
시혼을 불어넣은
시비가 숲 속에
즐비하다

시를 읊고 걸으니
동산에 길이
자연히 생기고
푸른 숲과 연을 맺어
시향에 취해 간다.

관음송

곤룡포 입고
천하 호령하던 당신이
어인 일로 죄인 되어
영월 촌에 귀향 왔던가

한이 서러워
관음송에 곤룡포 입혀
된서리 세찬 바람 불어도
기상을 잃지 않는 푸름이
곧게 서 있는 관음송

육백여 년이 지난 오늘날에도
관음송을 보면
길손들 숙연해지는구나.

제4부_ 성지를 찾아서

돌

예수님은 돌이셨다
산 돌(living stone)
모퉁이 돌
건축자가 버린 돌
뜨인 돌
반석
수제자 베드로
반석 위에 교회를 세울 터이니

예수님은 돌이셨다
간음한 여자
돌로 처 죽이라는 모세율법
죄 없는 자가 먼저 돌을 처라

예수님 무언가 쓰고 계셨다
다윗이 젊은 장교 부인
우리야의 아내 밧세바 취하고
우리야를 최전방에 보내어
죽였던 다윗

다윗 용서하신 예수
예수는 간음한 여자를
죄를 묻지 않으셨다
조건 없는 사랑이
*판나시아였다.

주_ 판나시아, 만병통치 그리스 신화

혜화 성당

백동 잣 골에
베네딕도 성인을
주보성인으로 모신 혜화 성당

세상은 변할지라도
내 말을 변하지 않는다
나는 진리요 길이요 생명이다

마르코 사자 루가 소 마태오 사람
요한 독수리 성당 앞면에
부조 되어 있고

성당 안 제대 오른편에
사 복음서가 스테인드글라스로
형상 되어 있고
백삼인 한국 성인 상 그림

왼편 파이프오르간
미사 시에 영성을 일깨워주고
고요 속에 미사를 드리고 나면
마음에 평화가 깃든다.

요당리 성지

내포 지역 요당리 성지
순례 길은
신앙 선조들이
밟고 간 길을 되돌아보고
묵상하는 길

그분들의 여정을 알고자
확인하고자 한다면
순교자를 통하여
아무리 큰 시련이 있어도
살아 계시는 하느님을
포기하지 않는
신앙 선조 님의 겸손함
영혼 존재는 창조되었다는
사실을 인지함에 있다

신앙선조님 정신은
하늘의 별빛처럼 영롱하다.

화엄사

가진 것이 많아
베푸는 것이 아니고
베풂으로
넉넉해지듯이

꽃은 비에 젖지만
향기는 비에 젖지 않듯이
찾아오는 사람은
매일 달라도
불심은 변하지 않는다

지리산자락 화엄사
옷을 훨훨 벗어버린 나무
바람이 찾아와도
스쳐 보낸다

스님의 독경 음성
고요한 산사에 울려 퍼지고
산속 이름 모를 산새들이
지저귀는 소리와
화음을 이루면서
산사의 정취를 느끼게 하구나.

풍수원 성당

한양에서 하룻길 거리에
원(院)을 정하여
오가던 옛사람
장호원 풍수원 조치원 사리원 등

풍수원은
최양업 신부님 가족이
치명한 곳

시골 한적한 곳에서
신앙을 증거 하면서
살아간 삶

후세 우리들에게
귀감이 되고
신앙이 나에게 무엇인지
다시 한 번 더
묵상하게 하구나.

마태오 성당

글꼴이 되는 것은
글이 쓰이지 않는
여백이 있기 때문이듯
삶이 아름다운 것은
상처와 미움의 덫에 갇히지 않고
용서의 커튼을 드리우기 때문이듯

까다곰바(지하 동굴 묘지)
신앙을 지키기 위한 선조들처럼

지하층의 본당은
조명과 음향이 훌륭해
지상층과 구별을 할 수 없으나
삶과 죽음을 묵상해볼 수 있는
미사의 참맛을 느낄 수 있는
공간을 마련해 주는 것 같구나.

망월사

망월사는
도봉산 구부능선에 있으며
까마귀가 서식하는 곳

지는 해는
구름을 모아들여
황홀하게 빛을 발할 때
까마귀는 하루가 가는 것이
아쉬운 듯
하늘을 선회하는 것이
한 폭 그림 같다

밤하늘 바라보기 좋은 곳
차디찬 달빛 별빛이
밤하늘에 부서지고

달빛에
시혼을 불어넣으면
마음에 다가서는 달
찻잔의 달
밤하늘의 달
마음의 달과 노닐다 보면
달도 가고 밤도 가구나.

감곡 매괴 성당

저희 모후 저의 어머니
저는 오로지 당신의 것이오며
제가 가진 모든 것이
당신의 것이옵니다

간절한 기도로써 부지와 산을
매입한 임 가밀 신부님
매괴 성당으로 봉헌하였습니다

하느님은 사랑입니다
음식에 사랑이 들어 있지 않으면
사료된다는 신부님의 말씀
무력 비참함에도
흔들리지 않는 마음
하느님께 모든 것을
의탁하는 마음
모든 것을 개방 흡수
받아들이는 마음
믿고 기쁘고
믿고 사랑하는
믿고 청원하는 마음
확고한 믿음
흔들리지 않는 마음

일제 강점기 때
신사를 지으려고 터를 닦자
무염시태 기적의 패를
묻어두고 기도하신 일
기상이변으로 공사를
계속할 수 없었고

매괴 성모 님을 루르드에서 제작
봉헌한 성당
한국전쟁 때 성당 안에서
점령한 인민군이
여러 가지 이상한 일을 겪자
총을 일곱 발을 맞고도
성모상이 부서지지 않으므로
칠고의 어머니 매괴의 어머니라 불렸으며
기도하면 외적 내적 치유를 받았다

돌아온 탕자를 아버지가 껴안듯이
우리의 잘못을 뉘우치게 하시고
보호하여 주소서
진정한 사랑은 용서라고 합니다
용서하고 용서할 줄 아는
사람이 되게 하소서.

부석사

소백산맥 줄기
봉황산 중턱에
자리 잡은 부석사
바윗돌이 공중에
떠 있다고 하여 부석사

무량수전에 오르면
저 멀리 보이는 산과 운해
운해 사이로 산봉우리들은
마치 섬처럼 떠 있는 풍경이
신선이 머물고 계신 것 같구나

의상 대사 지팡이가
선비화(골담초)가 되었다는
전설의 나무는
조사당 추녀 밑에 보호받고

봉황이 깃든다는
벽오동 나무가 의젓이
길손을 반기고 있다.

법주사

연초록 푸른 잎이
뭉게뭉게 피어오름이
겨우내 추위와 눈
시달리면서 지낸 소나무
어깨를 좀 펴려고 하니
햇볕 가려 답답하게 한다

번뇌에 사로잡힌 삶
산수(山水) 아름다운 곳을 찾아
머리를 식히고
지혜를 쌓아가려는 마음이
산사를 찾는다

금동미륵대불이
인자하신 아버지처럼
중생을 꼼꼼히
살피시는 것 같다
후덕하신 마애 여래상은
고려 시대의 마애불상
삼존 대불 비로자나불
석가여래 노사나불
삼신불 봉안 되어 있는 대사찰
영원히 중생과 함께하고 있다.

무량사

고요한 산사
낙엽이 떨어져
미풍에도 휘날리고
잎 하나 없는 감나무
붉은 감이 주렁주렁
탐스럽게 눈을 자극한다
찾아오는 불자
경내를 기웃기웃하네

만수산 무량사
국문학 찾아볼 수 없는 거목
매월당 김시습 영정을
모신 사당을 보니
모세의 기적이 내 앞에 펼쳐진 듯
먹먹한 가슴속에
그분을 더듬어본다.

용문사

구름 한 점 없는
파란 하늘
따사로운 늦가을 햇빛
숲속 사이로 비추고
오욕을 내려놓으라고 하는데
망상은 앞을 가린다

바람이 찾아오지 않아도
잎의 무게를 못 이겨
한 잎 두 잎 떨어지는 낙엽
왔다가 어디로 가는지
산속 깊은 산사에서
묵상해본다

마의태자가 심었다는 은행나무
산사를 천 년을 지켜오고

용문사 불심의 상징인
慈悲無敵(자비무적)은
퍼내고 또 퍼도 마르지 않는 샘
산사 찾는 모든 사람
가득가득 담아 가시구려.

삼천사

북한산 깊은 계곡
삼천사 흐르는 물
수량 풍부하여
한여름 쉬어 가기 좋은 곳
한량들이
시를 읊고 토론하니
마음 풍성해지고
시심이 깊어진다

자연석이
수천억 년 억겁 속에
거북으로 탄생하여
뭇 불자에게 사랑받고
항상 물에서 유영한다
큰 바위에 조각된
마애불상
깊은 신심으로
백팔 배 한다.

삼각산 승가사

심산유곡에
숲 계곡 바위와 조화를 이루며
불자를 맞이하는 승가사
아름답게 조각된 거대한 석등
민족 통일 염원
기념비가 조성되어 있고
대웅전에서
백팔 계단을 오르면
큰 바위에 조각되어 있는
마애불상

한 계단 오르면서
있었던 일들을 회개하고
또 한 계단 오르면서
희망을 설계하고
쉬엄쉬엄 오르면서
속세의 묵은 때를 씻어내고
마애불상 아래
백팔 배 하네.

문수암

올망졸망한 섬
청자 빛깔보다 더 고운
비색(翡色)의
희망을 가득 실은
한 폭의 그림 같은 바다
그 바다가 그리워
달려가 보고 싶은
바다에 포근히 안긴다

산은 바다를 그리워한 듯
바다는 산 정상에 흰 구름
휘감는 것을 그리워한다
무이산 정상에 있는 문수암
운산 운해가
가득한 산과 바다
중생을 설법하는 목탁소리
심연을 가라앉힌다
지혜를 상징하는 문수보살
그분을 모시는 암자에서
청자 빛 고운 바다를
보고 있노라면
삼라만상 번뇌가 사라진다.

죽산 성지

교통의 요충지
죽산 산성은
전쟁의 공박을
자주 하던 곳
임꺽정이 칠성사에
잠시 머물었던 곳
그곳에 병인박해 때
대부분 무명의
순교자들이
신앙의 진리를
증거 하였기에
오늘날 우리는
신앙의 자유를 얻었다

가을바람 쌀쌀한데
정원을 가득 채운
개미취 풀꽃이
가는 가을 아쉬워
향기를 터뜨러
별 나비를 불러 모아
늦가을 만찬을
즐기게 한다.

공세리 성당

순교자 영혼들이 잠든 곳
종교가 무엇이기에
목숨 바칠 수 있을까
손가락 하나도 받칠 수 없을 것 같은데

갈매기와 함께 노닐던
내 포구
삼남 지방 곡물을 쌓아
육신 양식되었다는 곳

우마차 인력으로
간척 사업하였던 곳
다리에 멍들었다
어깨 다쳤다
프랑스 드비즈 신부 만든 고약
이명래 고약 효시라네

주님의 종들이 모여
영적으로 먹고 마시는 공세리 성당
움켜쥐면 마음 무겁고
나누면 마음 가볍다네
다 같이 나누고 가세.

고란사

낙화암에서
정절을 지키기 위해
몸을 던진 삼천궁녀
기리는 사당이 고란사
원혼을 달래고

극락왕생하였는지
아직도
구천에서 떠돌고 있는지
알 수 없지만
순결 정신은
길이 남을 만하다

불심이
오늘날에도
원혼을 달래고 있는 것 같아
마음이 아스라이 저려온다
백마강은 아무 일 없는 듯이
유유히 흐르고 있다.

청평사

소양호에
페리호를 타니
호수 바람이 시원하게 불어오고
산그늘이 호수에 드리우니
물색갈이 푸르다 못해 검다
산은 높은 것을 마다하지 않고
운무(雲霧)를 품고 희롱하니
신선이 노는 것 같다

산 중턱에
청평사 스님 독경 음성이
청아하게 울려 퍼지니
산사를 찾는 불자들
마음 평화를 느낀다
비에 헹구어진 나무들
마음이 깨끗해진 불자
불자는 매일 달라도
찾는 불심은 변하지 않는다.

겸손

첫째 겸손
둘째 겸손
셋째 겸손
넷째 겸손
다섯째 겸손
여섯째 겸손
일곱째 겸손
여덟째 겸손
아홉째 겸손
열 번째도 겸손

겸손은 아무리 강조하여도
부족함이 없다
영혼을 여유롭게 한다
눈앞에 있는
짙은 안개 걷어 주시고
밝은 광명을 비추소서.

다산 정약용

한적한 갯마을
뒷산에 초당을 지어
유배 생활 십팔 년
울적한 마음 달랠 길 없어
야생차 많은 뒷산
차로 마음을 가다듬고
육백여 권의 책을 집필함으로써
후세 사람들 마음속
심금 울려 주는구나

모함했던 그 사람들
우리 인자 속에 녹아
모함 일삼는 사람들
언제 바른 마음 가지려나

인정해 주는 임 계실 때
거중기 발명하여
화성을 쌓았다
화성에 오르면
선생님 실용 과학정신
인본주의 마음 읽을 수 있다.

포스토니아 동굴

동굴이 크고 거대해서
열었던 입을 다물 수 없고
꼬마열차로 들어가
중요 부분을 관광하고
열차를 타고 나온다

각종 형상의 종유석
석순이 자라 사람형상
유방처럼 생긴 석순
대리석처럼 생긴 석주
가도 가도 끝없이 펼쳐진다

어두운 동굴 속에서 사는
휴먼 피시(도룡뇽)
수십억 년 고요 속에서
눈 없이 자라
인간의 수명과 같이 산다고
붙여진 이름이다

자연의 위대함에
나그네인 인간은 숙연할 뿐이고
지금도 동굴은 살아 숨 쉬는
현재 진행형이다.

암자

대낮에
불을 밝히고
참 나를 찾는 것이
바로 작은 암자

깊은 산 속에
있을 것 같지 않고
대중 속에
있을 것 같지 않은
오직 참 나에만 있는 암자

누가 보았다고 하던가
어디에 있다고 하던가
열린 마음을 가지고
밝은 마음을 가지고
참 나를 관조하는 암자

벽면을 향하여
누워보지 못하고 앉아서
참 나를 찾지만
멀리 있을 것 같지도 않고

가까이 있을 것 같지도 않은
허공에 헤매는 암자

그 암자에서
나는 참 나를 찾는다.

자기감정에 충실함으로써 얻어낸 서정시
정영수의 시집 〈마음의 밭〉을 읽고

도창회 (전 동국대 교수 영문학박사)

1

서정시는 감정(감성의 동의어)을 밑바탕으로 쓰인 시다. 서정시의 창작에 소요되는 정서는 이성이나 지식과는 거리가 멀다는 뜻이기도 하다. 주로 낭만주의 시, 자연주의 시 등 전원시가 감성(감정)으로 쓰인 서정시다.

생각해보면 개인의 감성(감정)조성은 그가 살아온 체험을 결코 무시할 수 없다. 한 사람이 한생을 살면서 어렵게 살았거나 넉넉하게 살았거나 그가 살아오면서 보고 듣고 느끼고 배운 체험들은 모조리 그의 감성(감정)을 조성하는데 밑거름이 되는 것이다.

서정시가 감성(감정)의 소산임에도 분명하지만 서정시가 문학성을 가지려면 감정의 나열에만 그쳐서는 안 될 것이다. 시 속에 무엇인가는 주제를 내포해야 음미가 가능하리라 믿는다. 그 무엇인가는 인생의 의미도 있겠지만 그리움, 슬픔, 기쁨, 외로움, 분노, 쓸쓸함(고독), 아픔 등 감정이 주제(theme)가 되기도 한다. 이른바 인간의 오욕 칠 정은 서정시의 주제가 되기도 하고 서정시의 주된 자산이 아닐 수 없는 것이다.

시심 발동이 별것이겠는가. 울컥하고 목구멍에 넘어오는 감정이 있을 때 손에 붓을 잡고 소재를 붙잡고 늘어지는 것이 아니겠는가.

모든 장르의 문학이 모두 정서순화나 정서함양에 그 궁극적인 목적을 두고 있다. 시의 사조(思潮)가 이성을 앞세우는 교훈시를 쓰던 고전주의 시에 염증을 느껴 다시 감정을 앞세우는 낭만주의 시로 바뀌고 또 주정주의 시에서 주지주의 시로 넘어가 오늘의 모더니즘 시에 이르렀다. 그러나 고전주의가 되었든 낭만주의가 되었든 주지주의 되었든 시의 밑바탕에는 감정이 근간이 된 서정성(emotional feeling)을 깔아야 한다는 것은 말할 필요가 없다. 왜냐하면, 정서순회에 서정성이 없다면 그게 가능 하겠는가 그 말이다.

바싹 마른 땅에 단비를 뿌리듯 촉촉한 서정을 깔아야 시를 음미할 맛이 나게 마련이다. 따지고 보면 그 서정성이라는 것도 가슴에서 우러나오는 감정에서 만들어지는 것은 부인할 수 없다, 그래서 시인은 언제나 자기감정에 충실할 필요성을 느끼게 된다. 정영수 시인의 시가 자기감정에 충실한 서정시이다 보니 이렇게 장황한 서설(序說)을 하게 되었는가 싶다. 그러면 여기서 그의 시를 감상해보자.

2

정영수의 시집 〈마음의 밭〉에 실린 시들은 대충 소재별로 나누어 보면 세 갈래로 나누어진다. 첫째 순수 자연물을 소재로 한 시들, 둘째 그가 방문 했거나 실재 체험한 지명 및 장소를 소재로 쓴 시들, 셋째 종교를 내용으로 한 시들로 대별된다.

막 걸렀다고 막걸리인가
누구든지 마실 수 있다 하여
막걸리인가
함께 나누면
기쁨 선사하네

대처 사람들도 많이 마시네
순한 맛이 있어서 그럴까
잘 넘어가서 그럴까

한 잔 하면 즐겁고
두 잔 하면 친구가 그립네
셋 잔 하면 배가 든든하이
친구여 한잔하세
친구여 힘찬 내일을 위하여

〈막걸리〉 전문

'막걸리'란 실지로 존재하는 실상(實像)의 자연물을 소재로 삼아 시를 썼다. 시 전편을 읽고 있으면 화자 자신이 감정에 충실한 서정이임을 담 박 알 수 있다. 심리하자 wilhelm wundt가 감정을 주관적 경험에 대한 반응양식으로 본다고 했다. 화자 자신이 체험한 감정에 충실 했다는 점이 결코 빈 말이 아닐 것이다. 막걸리라는 술은 서민적인 음료로 '두 잔 하면 친구가 그리운' 알콜이다. '누구든지 마실 수 있고' '함께 나누면' '순한 맛이 있어서'막걸리가 가지는 속성을 수월하게 표출해낸 감정시임을 분명하다. 감성(sensibility)은 때때로 대상에서 촉발되는 방식에 따라 표상을 얻는 수동적인 능력일 수도 있어 그런 방식의 시를 쓰는 사람도 있으나, 그러나 이 시를 쓴 화자는 어디가지나 주관적인 자기감정에 충실하며 시를 꾸미고 있음을 목도할 수 있다. 주관적 체험에서 얻어낸 시정(詩情)이 조금 쉬울 수도 있으나 순수나 진실에는 좀 더 가까울 수 있는 서정시임을 부정할 수 없다.

안개구름이
능선 마루를 뒤덮어
새소리까지 삼킨 듯
사위가 고요하고
함초롬히 젖은 나뭇가지
간간이 비추는 햇살에
깨어나지 못하고
뒤늦게 생각이 들어
마음의 밭을 가꿔본다

세상 가는 줄 모르고
이제야 정신이 들어 보니
가시밭 황무지가 되어
푸른산 안개구름 옷 입고
가시가 무성히 자라
어디서 어떻게 손질을
해야 할지 모른다

〈마음의 밭〉 전문

이 시의 시상(詩想)은 간단하다. 안개로 뒤덮은 산 능선 마루를 쳐다보고 '간간이 비추는 햇살에 깨어나지 못하는' 자신의 마음의 밭을 깨닫고 뒤늦게 자성하는 고상한 시다. '가시밭 황무지가 되어/ 푸른산 안개구름 옷 입고/ 가시가 무성히 자라/ 어디서 어떻게 손질을/ 해야 할지 모른다// 고 고백하며 황폐한 마음의 밭을 다시 가꿔보리라고 다짐한다. 안개구름 옷, 가시밭 황무지 등의 표현은 마음의 밭의 주체성을 잘 살려내는 시어 선택이라고 말할 수 있겠다. 이 시 역시 주관적 체험에서 나온 자기감정에 충실한 작품임을 알 수 있다.

천년에 한 번 맺는
대나무 열매
봉황은 그에 반해
그 품속에 깃들고

뿌리부터 온 몸통
마디마디 비워서
인생을 마칠 때는
꽃을 피우느니

인생도 마칠 적에
그리 살라 안 하던가
마침내 그 뜻 본받아
곧게 살아 마치리라

〈대나무〉 전문

대나무를 의인화(擬人化)시켜 쓴 시로 화자의 주관이 뚜렷이 나타나 있는 서정시다. 천 년에 한 번 맺는 열매에 반해서 봉황이 깃드는 대나무, 마디마디 비우고 마지막에 꽃을 피우는 대나무, 그런 대나무를 닮아 삶을 마치겠다는 주체성이 뚜렷한 작품이다. 고고한 대나무의 심상(心像)을 유감없이 잘 심어놓은 서정시로 별 기교 없이 직핍을 했어도 읽는 대로 공감대를 조성하는 시작법 주목된다. 이 시도 주관적 감정에 충실한 작품임은 말할 것도 없다. 주관적인 감정은 어디가지나 살아온 체험에서 배태됨은 재론이 필요치 않다.

다음으로 화자의 시들 중에 가장 많은 분량을 차지하고 있는 지명이나 장소를 소재로 삼아 쓴 시들을 몇 편 감상해 보자. 물론 이 지명을 따서 쓴 시들은 화자가 직접 방문했거나 체험한 장소가 되겠다.

널 그리워
불원천리 달려갔더니
어머니 미소로
포근히
고향 품 열어주었구려

애틋한 정
가슴 아리고
당신 품이 자못 서러워
몸 둘 바 모르겠다

잔잔한 고요 속에
고성을 지키는
청자 빛 귀태

아기자기한 작은 섬들
따뜻한 가슴으로 깊숙이 안은
정겨운 모습 그리워
지금이라도 달려가고픈
정든 고성만에
영원히 내리지 않을
파란 향수의 돛 펼쳐본다

〈고성만〉 전문

어떤 특정 지역이나 지명을 소재로 삼아 시를 쓸 때 대개는 대상을 대하고 화자의 감정을 이입하여 직관을 동원한 느낌을 시로 형상화해낸다. 이때 감성(감정) 동원은 지나친 수사(修辭)의 기교 없이 직관을 통한 순수한 자기 감정이입이 서경시(敍景詩) 살리는 길이 아닌가 한다. 고성만이 고향이 듯 어머니의 미소로 반기고 따스한 가슴으로 안고픈 고향 고성만의 향수를 그리움의 주제로 잘 써놓은 시다. 보다시피 잡다한 수식이다 또는 수사 없이 마음 내키는 대로 고스란히 감정을 이입시킨 시가 감동을 준다. 고향, 어머니, 포근한 품 등은 향수 시에 늘 동원되는 시어이기도 하다. 고향의 서경은 낯모르는 서경과는 달라 더욱 화자의 주관적 감정에 치우칠 밖에 없을 것 같다.

산은 탐욕과 욕심을
내려놓으라고 하는데
짙은 안개가
눈앞에 흐르고
마음은 청청하고 싶은데
망상이 앞을 가린다

낙엽송은
옷을 벗은 지 오래고
떡갈나무 잎은
인간사에 말을 하는 지
바람결에 소곤소곤 하네

요석공주와 원효대사
이루지 못한 사랑 자재암
산에 올라 불러보지만
메아리뿐

뜻하는 바가 다른 두 사람
임 향한 일편단심
불심 향한 일편단심
눈물을 삭이면서 돌아서는 공주
공주봉은 영원하리

〈소요산〉 전문

화자가 낯선 곳을 처음 방문하여 느낀 소회를 시로 엮을 때 보고 듣고 보고 느낀 체험을 고스란히 감성어린 시어들로 옮겨놓아 서경의 정서를 살려놓아야 그 시의 묘미를 음미할 수 있으리라. 이 시는 소요산의 정경 보다 소요산에서 느낀 소회나 소요산에 얽힌 고사를 중히 여겨 소요산을 읊었다. 산이라는 대상을 대하고 탐욕을 버리고 청정한 마음의 법열을 느끼고, 또 원효와 요석공주의 못다 이룬 사랑을 연상하며 소요산 공주 봉을 따스한 감정을 녹여 쓴 서정시인가 하면 서경시다. 상고컨대 화자는 그는 명승지나 여행지를 방문할 때마다 시심을 일으켜 꼭 한 수의 시를 엮는 버릇은 본받을만하다. 다음 그의 많은 서정시들이 종교와 관련되어 있어 눈길을 끈다. 지명을 시제(詩題) 삼아 쓴 작품들이지만 화자가 어떻게 그렇게 여러 종교의 사상과 교훈에 자유로울 수가 있을까 하고 의아하게 바라보게 된다. 다시 말하면 성당, 교회, 사찰 두루 방문하고 쓴 시들이 종교마다 가진 교지의 특성을 잘 간파한 내용을 보고 감회에 젖는다. 조금도 어느 종교에 편하나 치우침이 없이 나름의 자유로운 고견을 피력하고 있어 시인다운 작품이다 싶다.

순교자 영혼들이 잠든 곳/ 종교가 무엇이기에/ 목숨 받칠 수 있을까/ 손가락 하나도 받칠 수 없을 것 같은데/ 중략 주님의 종들이 모여/ 영적으로 먹고 마사는 공세리 성당/ 움켜쥐면 마음 무겁고/ 나누면 마음 가볍다네/ 다 같이 나누고 가세/

〈공세리 성당〉 1연 4연

백동 잣골에/ 베네딕도 성인을/ 주보성인으로 모신 혜화성당// 중략 세상은 변할지라도/ 내 말은 변하지 않는다/ 나는 진리요 길이요 생명이다// 중략 왼편 파이프 오르간/ 미사 시에 영성을 일깨워주고/ 고요 속에 미사를 드리고 나면/ 마음에 평화가 깃든다//

〈혜화성당〉 1연 2연 마지막 연

가진 것이 많아/ 베푸는 것이 아니고/베풀므로/ 넉넉해지듯이// 꽃은 비에 젖지만/ 향기는 비에 젖지 않듯이/ 찾아오는 사람은/ 매일 달라도/ 불심은 변하지 않는다// 지리산자락 화엄사/ 옷을 훨훨 벗어버린 나무/ 바람이 찾아와도/ 스쳐 보낸다//

〈화엄사〉 1연 2연 3연

구름 한 점 없는/ 파란 하늘/ 따사로운 늦가을 햇볕/ 숲속 사이로 비추고/ 오욕을 내려놓으라고 하는데/ 망상이 앞을 가린다// 중략 마의태자가 심었다는 은행나무/ 산사를 천 년을 지켜오고/ 용문사 불심의 상징인/ 자비무적은/ 퍼내고 또 퍼내도 마르지 않는 샘/ 산사 찾는 모든 사람들 가득가득 담아 가시구려//

〈용문사〉 1연 3연 4연

위 가톨릭 성당 명을 시제로 쓴 두 편의 시와 불교 사찰 명을 시제로 삼아 쓴 두 편의 시에서 보는 봐와 같이 화자는 조금도 어떤 종교에 얽매임 없이 자유로운 시심을 편다. 가끔 크리스찬 시인들이나 불교를 신봉하는 시인들이 지기 종교에만 몰두한 시를 쓰거나 심지어는 남의 종교를 헐뜯는 글귀가지 서슴지 않는 시인들을 본다. 어떤 의미에서 보면 시는 시이고, 종교는 종교다. 시는 미를 추구하는 예술이다. 예술 작품 즉 미의 세계에서조차 편을 가를 필요가 있을까 싶다. 화자는 조금도 거리낌 없이 종교를 가리지 않고 심미감을 가지고 시상을 형상화 해내고 있어 시인의 넉넉한 품에서 감동을 받는다.

3

지금까지 감상해본 대로 정영수 시인은 주정주의(主情主義)를 지향하면서 자기감정에 호소한 서정시를 쓰고 있음을 살펴보았다. 자기감정에 충실했다는 시작태도는 달리 말하면 억지로 수사적 기교를 부리지 않았다는 말이 되기도 한다. 월

리엄 워즈워드가 말한 대로 순수한 감정 발로가 서정시가 된다는 점을 상고해볼 필요가 있지 않나 싶다. 그리고 이 외도 그의 단시(短詩)에서 응축된 시상(詩想)의 비장미가 돋보여 좋았다. 원컨대 일취월장하여 노련미를 더한 명시가 나오길 기대해 본다.

마음의 밭

초판 인쇄 2014년 1월 15일
초판 발행 2014년 1월 18일

지은이 정영수
발행인 임수홍
편 집 박미영
디자인 한혜숙

발행처 도서출판 국보
주 소 서울 강동구 양재대로 114길 32 2층
전 화 02-476-2757~8 FAX 02-475-2759
카 페 http://cafe.daum.net/lsh19577
E-mail kbmh11@hanmail.net

값 10,000원

ISBN 978-89-93533-68-2

이 도서의 국립중앙도서관 출판시도서목록(CIP)은 서지정보유통지원시스템 홈페이지(http://seoji.nl.go.kr)와 국가자료공동목록시스템(http://www.nl.go.kr/kolisnet)에서 이용하실 수 있습니다.(CIP제어번호: CIP2014000946)